FOCUS SCIENCES

L'alimentation de demain

COLIN TUDGE

DIRECTEUR DE COLLECTION JOHN GRIBBIN

LONDRES, NEW YORK, MUNICH,
MELBOURNE, DELHI

DORLING KINDERSLEY
LONDRES

Édition originale, Royaume-Uni, 2002
Publié par Dorling Kindersley Limited
80 Strand, London WC2R 0RL
ISBN : 0-7513-3715-3
Copyright © 2002 Dorling Kindersley Limited, Londres
A Penguin Company

Édition française, France, 2003
Publié par Pearson Éducation France
47 bis, rue des Vinaigriers, 75010 Paris
ISBN : 2-7440-1608-X
Copyright © 2003 Pearson Éducation France
Tous droits réservés

Traduction : Stéphane Pauquet
Mise en pages : HEKLA

Sommaire

Crise...
Quelle crise ?

L e secteur agroalimentaire est une réussite de bien des points de vue : les agriculteurs produisent suffisamment de nourriture pour subvenir aux besoins des six milliards d'habitants de la planète, bien que tous, pour des raisons politiques, ne mangent pas à leur faim. Les habitants des pays riches ont accès à des aliments abondants et variés et, d'une certaine manière, plus « sains » qu'auparavant. Il est en revanche difficile de dire pendant combien de temps ce niveau de production pourra être maintenu, avec une population mondiale qui devrait atteindre les dix milliards d'individus en 2050.

Par ailleurs, les habitants des pays développés manifestent un mécontentement croissant envers l'industrialisation à outrance du secteur. De nouvelles valeurs sont en train d'émerger : le traitement des animaux est remis en cause, les hormones et les produits chimiques inquiètent et les cultures transgéniques suscitent un grand émoi. Les principaux bénéficiaires de cette prise de conscience sont l'agriculture biologique et les produits « naturels ».

Un produit parfait ?

Le secteur agroalimentaire actuel est dominé par de grands groupes industriels et des chaînes de supermarchés, qui n'achètent que des produits répondant à des critères esthétiques très exigeants, tels ces abricots à la plastique parfaite. Les agriculteurs ont relevé le défi. S'agit-il de la bonne approche ? De nombreux diététiciens et consommateurs considèrent que le goût, la valeur nutritive et la qualité des produits comptent bien plus que leur simple apparence.

Comment nourrir la planète?

Chacun semble avoir sa théorie quant à la manière de nourrir les dix milliards d'individus ou plus que la planète comptera un jour. Les progrès technologiques apparaissent aux yeux de certains comme une solution à tous les problèmes, tandis que les écologistes décrient les pratiques agricoles actuelles, qui sont à l'origine d'une forte érosion des sols, de pollutions et du gaspillage d'énormes quantités d'eau. Entre ces deux camps, les agriculteurs estiment qu'il doit être possible de nourrir la population mondiale si nous sommes prêts à prendre les mesures nécessaires pour résoudre les problèmes existants.

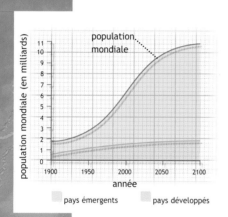

pays émergents   pays développés

La courbe démographique
Au siècle dernier, la population doublait tous les 40 ans. L'ONU prévoit un ralentissement de cette progression, voire une stabilisation autour de 2050. Il est théoriquement possible de nourrir une telle population, mais pas sans difficultés.

Les pratiques agricoles en question

Au cours des dernières décennies, de nombreux pays ont vu leur secteur agricole se transformer en une véritable industrie, soutenue par d'importants progrès techniques et une approche hautement productiviste. La productivité est souvent 10 fois supérieure à celle de l'agriculture traditionnelle en termes de surface et 100, voire 1 000 fois supérieure en termes de main-d'œuvre. Or, ce modèle suscite un mécontentement croissant.

Qui plus est, peu de pays en voie de développement (PVD)
se prêtent à l'agriculture ultramécanisée pratiquée en
Beauce ou dans le Wisconsin. À l'inverse de la main-
d'œuvre, les indispensables capitaux y font en effet cruelle-
ment défaut. En outre, les fortes inondations et sécheresses
dont les régions tropicales sont souvent victimes font
passer l'objectif de l'optimisation du rendement derrière
celui de la pure et simple survie des cultures.

Dans les pays riches, le développement économique a
favorisé un changement de valeurs, à l'origine d'un passage
à des pratiques agricoles plus respectueuses de l'environnement. En plus de l'accuser de l'extinction d'une grande
partie de la faune, les écologistes voient en l'agriculture
industrielle un modèle inexorablement voué à l'échec.

Les dangers naturels

Les aliments les plus frais peuvent se révéler impropres à
la consommation, les plantes sauvages sont souvent
toxiques ou infectées de moisissures tandis que les

**La récolte
de melons**
*La production de
fruits et légumes
est aujourd'hui
hautement méca-
nisée, nécessitant
de très lourds
investissements en
équipement.*

animaux sauvages sont porteurs de toutes sortes de parasites. Le stockage complique encore les choses : bien qu'il existe plusieurs méthodes satisfaisantes, dans les pays tropicaux, la moitié des stocks moisissent avant d'avoir atteint les marchés.

Nous devrions donc être reconnaissants à ces gens qui s'efforcent de nettoyer les plantes cultivées de leur toxicité

De l'ESB à la MCJ

L'encéphalopathie spongiforme bovine (ESB) est une maladie cérébrale du bétail due à de mauvaises pratiques d'élevage. Les éleveurs des pays développés ont nourri leurs vaches avec des « concentrés » de protéines animales, souvent obtenus à partir d'autres bovins ou de moutons, les transformant ainsi en véritables cannibales. La qualité douteuse de ces aliments depuis les années 80 a permis la survie de prions, nocifs pour le système nerveux, et par suite le développement de l'ESB. Cette maladie s'est transmise à l'homme sous la forme d'une variante de la maladie de Creutzfeld-Jacob (MCJ). De nombreuses personnes y ont déjà succombé.

L'ESB

L'ESB est engendrée par des prions, des versions mutantes de protéines du système nerveux. Ces protéines déformées endommagent les cellules nerveuses et peuvent entraîner la déformation d'autres protéines. Les prions se propagent ainsi à la manière de véritables virus ou bactéries, capables de contaminer d'autres individus.

⋮ prion

Les prions dans le cerveau

Les prions sont responsables de plusieurs affections différentes : l'ESB chez les bovins, la tremblante du mouton et la MCJ chez les humains. L'image ci-après montre un groupe de prions dans le cerveau d'une vache atteinte de l'ESB.

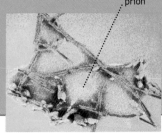

. prion

naturelle, aux médicaments et désinfectants qui nous ont débarrassés des principaux parasites, tels que l'ascaris (un ver rond), autrefois abondant dans la viande de porc. Les traitements antifongiques présentent effectivement certains risques, mais ils sont à comparer aux dangers que présentent les mycotoxines.

Les échecs de la chimie

Depuis l'avertissement lancé par la biologiste américaine Rachel Carson en 1962 au sujet des effets néfastes des pesticides organochlorés (tels que le DDT) sur l'environnement (voir p. 34), de nombreux produits chimiques ont été retirés de la vente. Les pesticides et herbicides utilisés actuellement font l'objet de contrôles rigoureux et chaque substance entrant dans la chaîne alimentaire est cliniquement testée pour établir sa dose journalière admissible (DJA). Malgré ces mesures draconiennes, la direction générale de la Santé et de la Protection des consommateurs de la Commission européenne révélait dans un rapport daté de juillet 2001 que 4 % des fruits, légumes et céréales produits dans les pays de l'Union européenne, de la Norvège et de l'Islande en 1999 présentaient des concentrations de pesticides supérieures aux limites autorisées.

Qui plus est, la méfiance envers les effets potentiels des pesticides sur le système nerveux et les risques associés aux interactions entre différents produits chimiques ne cesse de croître. Il en va de même des hormones de croissance administrées au bétail et des additifs alimentaires, tels que les conservateurs, que l'on accuse de toutes sortes de maux, notamment d'être responsables de l'hyperactivité de certains enfants. On peut se demander si les fongicides, les systèmes de réfrigération et les autres moyens de stockage et de conservation sont réellement utilisés pour des raisons de sécurité ou pour réduire les frais de production et de distribution.

De nombreuses personnes ont une peur intrinsèque des organismes transgéniques (voir p. 61-64), considérant que les manipulations génétiques cachent des risques incalculables. Un sondage récent a révélé que seuls 42 % des Européens savaient que l'ingestion d'aliments transgéniques n'avait aucune conséquence sur leurs propres gènes. Les risques existent cependant, comme l'acquisition d'allergènes ou de gènes résistant aux antibiotiques, ou la prolifération incontrôlée d'espèces résistant aux pesticides.

Le maïs transgénique
Ce maïs a été génétiquement modifié pour développer une résistance à un puissant herbicide qui décime toutes les mauvaises herbes. Les partisans des OGM considèrent que cette pratique est favorable à l'environnement dans la mesure où, étant neutralisé au contact du sol, cet herbicide ne contamine pas la nappe phréatique.

L'alternative biologique

Dans les pays occidentaux, les récents scandales liés à la sécurité alimentaire et la naissance d'une conscience environnementale ont favorisé l'engouement pour l'agriculture biologique, qui n'a recours à aucun engrais synthétique ni pesticide. Les consommateurs voient en elle une approche bien plus durable que celle de l'agriculture industrielle. Du fait de l'importance accordée aux animaux – le bétail y est par exemple bien mieux traité – les aliments produits sont plus sains, plus savoureux et plus nutritifs.

Les détracteurs de l'agriculture biologique considèrent qu'elle résout bien peu des problèmes associés à l'agriculture conventionnelle et qu'elle ne parviendra jamais à nourrir les dix à douze milliards d'individus prévus pour 2050.

Un régime sain

De nombreux docteurs et diététiciens prétendent qu'en dépit de l'évidente suffisance calorifique et protéique des régimes alimentaires des habitants des pays riches, leur excédent en graisses, en sucres et en sel a abouti à des maux connus sous le nom de « maladies de l'abondance » (voir p. 18). Le régime idéal est une alimentation variée, riche en légumes et en céréales (fibres) et pauvre en graisses et en protéines.

Nous allons devoir faire des choix quant aux aliments à privilégier et à la manière de les produire. Si une grande partie des décisions qui s'imposent sont d'ordre scientifique et technique, les conditions économiques, politiques et sociales doivent être favorables. Comme l'homme a pu le vérifier à maintes reprises au cours de son histoire, on peut mourir de faim même dans les contrées les plus opulentes.

L'agriculture biologique

Pour bénéficier du label biologique, les agriculteurs doivent respecter certaines règles. Ce type d'agriculture accorde une grande importance aux propriétés du sol, et notamment aux micro-organismes qu'il héberge, pour la croissance, la santé et la qualité tant des cultures que des animaux d'élevage. Les engrais synthétiques sont remplacés par des engrais naturels (lisier) ou un processus de fixation d'azote (voir p. 41) et les pesticides par des traitements biologiques.

Produit naturel
Les légumes biologiques présentent des formes et des couleurs plus variées que leurs homologues high-tech.

Un peu de diététique

Nos besoins alimentaires sont presque les mêmes qu'il y a mille ans, mais le choix d'aliments disponibles est beaucoup plus vaste. Bien que les besoins calorifiques varient en fonction du degré d'activité, du sexe et de l'âge, tout le monde a besoin d'un mélange équilibré d'hydrates de carbone, de graisses, de protéines et d'oligo-éléments. Cependant, l'alimentation étant plus liée au niveau et au style de vie qu'aux véritables besoins métaboliques de chaque individu, on constate de nombreux déséquilibres : sous-nutrition, malnutrition et surnutrition, pouvant avoir de très lourdes conséquences sur la santé.

La majorité de nos apports énergétiques et protéiques proviennent de «cultures de base» : les céréales (blé, riz), légumineuses (haricots, petit pois) et tubercules, tels que les pommes de terre. Ces cultures sont de loin les plus importantes pour l'humanité et l'alimentation de toute la population mondiale dépendra essentiellement du succès des agriculteurs à maintenir leur niveau de production.

Les aliments essentiels

Personne ne peut survivre en se nourrissant exclusivement de pain. Mais le blé, son constituant principal, satisfait avec le riz et le maïs la moitié des besoins calorifiques et le tiers des besoins protéiques de l'humanité.

L'alimentation

Les besoins d'énergie

Les coureurs du Tour de France ont besoin de 7 000 calories par jour.

Nous avons besoin d'énergie pour nos mouvements et de matière pour l'entretien de nos tissus, processus qui dépendent d'une variété d'oligo-éléments rencontrés sous la forme de vitamines et de minéraux. Notre énergie est essentiellement fournie par les hydrates de carbone et les graisses, bien que celles-ci représentent également une part importante de la structure corporelle. Les protéines servent principalement à la fabrication des tissus, jusqu'à se transformer elles-mêmes en source d'énergie une fois que le corps les métabolise.

Les besoins énergétiques varient en fonction du sexe, de l'âge et du taux d'activité de chaque individu. Une femme sédentaire peut ainsi se contenter de 1 600 calories par jour, tandis qu'un homme très actif peut avoir besoin de 4 000 calories. Les besoins protéiques des adultes sont généralement satisfaits par les cultures ou produits de base (légumes et céréales), tandis que les personnes malades et les enfants ont besoin de compléments.

Le bon régime

Cette figure présente les proportions d'hydrates de carbone, de graisses et de protéines recommandées pour notre alimentation.

protéine

graisse

hydrate de carbone

Les apports nutritifs

Les hydrates de carbone comprennent les sucres, tels que le glucose et le fructose rencontrés dans les fruits et dans certaines cultures (betteraves et canne à sucre), et l'amidon, un sucre complexe présent dans de nombreux produits de base. Mais à quantités égales, les graisses fournissent deux fois plus d'énergie. La viande procure les graisses,

Le rôle de la nourriture

Pendant la digestion, les protéines, les hydrates de carbone et les graisses contenus dans les aliments sont décomposés en molécules plus simples par des enzymes sécrétées en différents points du tube digestif. Ces molécules rejoignent ensuite la circulation sanguine pour être distribuées aux différents organes, où elles entretiennent les fonctions de croissance, de réparation, de motricité et de régulation de la température.

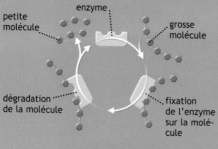

Le rôle des enzymes

Les enzymes dégradent les aliments en composés simples et soluble : les hydrates de carbone sont réduits en sucres simples (le fructose et le glucose), les protéines en acides aminés et les graisses en acides gras et glycérol.

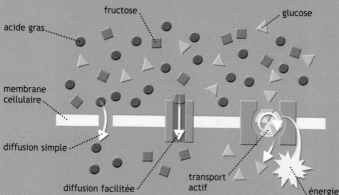

Le transport des éléments nutritifs de cellule en cellule

Après dégradation, certaines molécules tels les acides gras peuvent aisément circuler de cellule en cellule (diffusion simple). D'autres, comme le fructose, doivent être aidées par une protéine porteuse (diffusion facilitée). Le glucose et les acides aminés consomment même une partie de l'énergie de la cellule pour la pénétrer (transport actif).

tandis que le poisson, le maïs, le soja et les graines de colza et de tournesol apportent des huiles. La viande et le poisson contiennent également des protéines, au même titre que certains produits de base tels que les céréales.

Parmi les oligo-éléments, on compte les minéraux (des métaux comme le fer, le potassium et le magnésium, mais aussi des non-métaux tels que l'iode et le phosphore) et des molécules complexes connues sous le nom de vitamines. Tout manque ou excès de ces éléments peut avoir de graves conséquences sur la santé.

Un régime équilibré

Pour aider les gens à connaître le type d'alimentation le mieux adapté à leurs besoins, les diététiciens regroupent les aliments en différentes catégories, en fonction du principal élément nutritif fourni. Ils recommandent ensuite un certain nombre de repas quotidiens, qui varie selon les besoins énergétiques de chacun. Au cours des vingt dernières années, deux éléments ont acquis une impor-

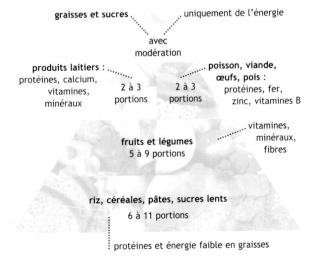

graisses et sucres .... uniquement de l'énergie

avec
modération

produits laitiers :   **poisson, viande,**
protéines, calcium,   **œufs, pois :**
vitamines,   2 à 3   2 à 3   protéines, fer,
minéraux   portions portions zinc, vitamines B

.... vitamines,
minéraux,
fruits et légumes   fibres
5 à 9 portions

riz, céréales, pâtes, sucres lents
6 à 11 portions

protéines et énergie faible en graisses

Les groupes alimentaires
Cette pyramide présente, pour chaque groupe alimentaire, le nombre de plats recommandés pour fournir à son corps les éléments nutritifs dont il a besoin.

Les graines de soja

La recherche d'aliments et de compléments alimentaires qui nous maintiennent en bonne santé est devenue une des activités fondamentales de la diététique. On a par exemple découvert que les graines de soja contenaient des produits très salutaires connus sous le nom d'isoflavones, notamment le génistein et le diadzein, des œstrogènes faibles apparemment très importants pour les femmes ménopausées. Un régime riche en soja réduit le taux de cholestérol et renforce la densité osseuse. Les graines de soja constituent également une importante source de protéines pour les végétariens et les peuples consommant habituellement peu de viande. Le tofu, qui offre une alternative pauvre en graisses aux produits laitiers, s'obtient à partir de l'extraction et de la coagulation de protéines de soja.

tofu

graines de soja

tance toute particulière auprès des spécialistes : les fibres, matériaux constitutifs des parois des cellules végétales, par exemple la cellulose, et dont le manque aggrave probablement les « maladies de l'abondance » (voir p. 18), et les aliments dits fonctionnels, qui se présentent sous la forme de sous-vitamines, tels les stérols végétaux ajoutés dans certaines margarines pour aider à réduire le taux de cholestérol. Aussi facultatif qu'il soit, ce second groupe d'éléments n'en est pas moins la clé d'une alimentation saine et équilibrée.

La malnutrition

On estime à environ huit cents millions (soit un huitième de la population mondiale) le nombre de personnes souffrant de malnutrition chronique. Tous n'habitent pas dans les PVD. Un régime pauvre en calories est généralement

Le syndrome de *Kwashiorkor*
Cet enfant est atteint du syndrome de Kwashiorkor, une affection causée par un manque de protéines. Le ballonnement du ventre est dû à la libération d'un fluide, et non à un repas copieux.

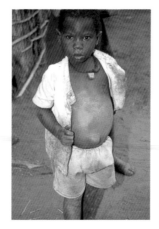

pauvre en protéines, ce qui chez les enfants sous-alimentés entraîne souvent le gonflement de l'estomac et le dessèchement de la peau et des cheveux, phénomène appelé Kwashiorkor. Le manque d'iode est un problème fréquent chez les peuples des montagnes et des déserts, conduisant à une déficience thyroïdienne qui aboutit à des problèmes de goitre. Enfin, les dizaines de millions de personnes souffrant d'un manque aigu de vitamine A de par le monde peuvent en perdre la vue. Et pourtant, on trouve cette vitamine dans de nombreux fruits et légumes ; la seule réponse est donc d'augmenter leur consommation.

Les maladies de l'abondance

Que ce soit dans les pays riches ou pauvres, on assiste à une augmentation de la suralimentation. Le succès de la restauration rapide repose sur la vente d'aliments riches en graisses, en sucres, en sel, avec toutes les conséquences que l'on peut observer. L'absorption excessive de calories rend obèse, et l'abus de graisses saturées favorise les maladies dites de l'abondance, qui vont des calculs biliaires au diabète, en passant par les maladies cardiaques. Ces dernières sont dues à un excès de cholestérol dans le sang, qui tend à obstruer les artères alimentant le muscle cardiaque. De nombreux cancers, tels que certains cancers du sein, sont également provoqués par une alimentation trop riche en graisses.

Déchet alimentaire ?
Le hamburger, fer de lance de la restauration rapide, est une excellente source de protéines mais il contient aussi énormément de graisses et de sel.

Les cultures de base

La moitié des besoins calorifiques et un tiers des besoins protéiques de l'humanité sont satisfaits par trois céréales seulement : le blé, le riz et le maïs. Les deux premières sont pauvres en vitamines, minéraux et graisses essentielles, mais constituent des éléments très nutritifs, procurant 3,5 cal/g, dont 7 % sous la forme de protéines. Cela signifie que 800 g de l'une ou de l'autre suffisent à couvrir les besoins énergétiques et protéiques quotidiens d'un adulte moyen. La production mondiale de ces deux

Les céréales primordiales
Sur des sols pauvres, avoine, seigle et orge ont un meilleur rendement que le blé.

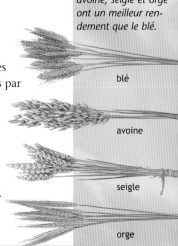

blé

avoine

seigle

orge

L'agriculture mécanisée

Devenue la principale forme de production des cultures de base telles que le blé, le riz, le maïs, la canne à sucre, les légumineuses et les pommes de terre, l'agriculture mécanisée domine aujourd'hui le paysage rural de nombreux pays. Les cultures y sont produites dans des champs qui s'étendent souvent à perte de vue, et dont le sol est labouré et préparé pour accueillir un semis prévu pour se développer aussi rapidement que possible.

Le labour
Ce fermier sur son tracteur «nettoie» son champ de tous les résidus végétaux. Il laisse le sol complètement à nu sur de très importantes surfaces.

riz

blé

maïs

céréales dépasse les 500 millions de tonnes par an. Le riz est presque entièrement consommé par les humains, tandis qu'un quart des récoltes de blé est consacré à l'alimentation des animaux d'élevage. Malgré des propriétés nutritives similaires, le maïs est consacré à 70 % à la production animale.

Les autres cultures de base

Avec plus d'un milliard de tonnes par an, la production de canne à sucre est phénoménale, mais elle est peu comestible et le sucre n'apporte aucune protéine. Sa contribution calorifique mondiale n'en est pas moins égale au tiers de celle du blé et du riz réunis. De même, nous produisons environ 300 millions de tonnes de pommes de terre, qui contiennent des protéines de haute qualité et de la vitamine C. Mais elles sont constituées d'eau à 70 %. Les bananes et bananes plantain, le manioc, les noix de coco, le sorgho et le millet sont autant de produits d'importance locale, au même titre que les oléagineux et certaines légumineuses (petits pois, haricots et lentilles). Le soja revêt une importance à l'échelle planétaire, mais 80 % de sa production est destinée à l'alimentation animale.

Qui mange quoi ?
Ces trois soucoupes remplies de riz, de blé et de maïs présentent la proportion réservée à la consommation humaine (en violet) et à la consommation animale (en bleu). Ainsi, bien que la production de riz soit légèrement inférieure à la production de blé, le riz nourrit plus de personnes.

Les oléagineux
Le tournesol, agréable au regard, est une culture importante : ses graines contiennent des graisses hautement insaturées dont on extrait une huile de qualité.

Fruits et légumes

Les fruits et légumes procurent essentiellement des vitamines et des minéraux. Leur production a encore lieu selon des méthodes relativement traditionnelles, la plus simple consistant à entretenir, voire propager certaines plantes au sein d'un paysage naturel.

Le futur de l'horticulture

Les fruits et légumes revêtent une importance tant alimentaire que gastronomique, nous procurant des minéraux, des vitamines et des hydrates de carbone en plus d'avoir un goût savoureux et d'être pauvres en graisses. Cependant, aucun fruit ne peut supprimer les problèmes de famine, dont la résolution dépend de l'apport de calories et de protéines fournies par les produits de base (voir p. 19-20). Prise au sens large, l'horticulture en fournit certains, tels que les noix de coco et les olives. Ces cultures pourraient être privilégiées à l'avenir.

Les habitants des pays riches acceptent aujourd'hui de payer plus cher pour des fruits et légumes produits selon des méthodes traditionnelles. Les produits maraîchers pourraient connaître un grand essor moyennant l'usage de systèmes de contrôle de la lumière, de la température et de l'humidité (voir p. 22).

Nutritif et décoratif
Les légumes nous apportent des fibres et des vitamines. Les cultures maraîchères sont très demandeuses en main-d'œuvre, ce qui plaît à certains (les demandeurs d'emploi) et mécontente les autres (les employeurs).

L'horticulture

Les horticulteurs ont aujourd'hui souvent recours à des serres en verre ou en polythène, où ils peuvent contrôler la durée et l'intensité de l'éclairage. Les concentrations de nutriments sont suivies de près par des capteurs automatiques, et même la concentration de dioxyde de carbone (CO_2) de l'air est régulée pour stimuler la photosynthèse. Dans un système hydroponique, le terreau est remplacé par une solution aqueuse contenant le mélange d'engrais idéal (contrôlé par des capteurs).

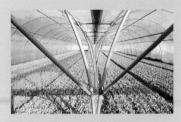

Des laitues sous plastique
La température et l'humidité de ces tunnels en plastique peuvent être régulées en fonction des besoins spécifiques des cultures.

Un système hydroponique
Chaque plante est supportée par un filet, qui laisse tremper les racines dans une solution aqueuse indispensable à une croissance optimale. La solution est régulièrement remplacée et certains des nutriments sont recyclés. Concentration de CO_2, température et éclairage sont étroitement régulés.

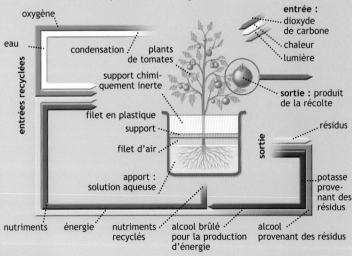

oxygène

eau

entrées recyclées

condensation · · · plants de tomates

support chimiquement inerte

filet en plastique support

filet d'air

apport : solution aqueuse

nutriments · · · énergie · · · nutriments recyclés · · · alcool brûlé pour la production d'énergie

entrée : dioxyde de carbone · chaleur · lumière

sortie : produit de la récolte

résidus

sortie

potasse provenant des résidus

alcool provenant des résidus

Le rôle de la viande

Tous les peuples élèvent des animaux pour leur alimentation : les bovins, ovins, caprins et porcins représentent la grande majorité de la production. D'autres espèces peuvent avoir une importance à un niveau local : cervidés, équidés (notamment en France), cochons d'Inde (Pérou), lapins (marchés très importants à Malte et en Chine) et les différents camélidés d'Amérique du Sud.

Concernant la volaille, les poulets et les canards sont de loin les animaux de prédilection, devant les dindes, les oies et les pintades. Par ailleurs, de nombreuses autres espèces, allant des élans aux girafes en passant par les singes et les perroquets, constituent ce que l'on appelle la viande de brousse, leur consommation représentant souvent une menace pour l'existence des espèces concernées. Bien qu'étant souvent regroupé parmi les viandes, le poisson est traité ici dans une section à part (voir p. 26-29).

Les animaux d'élevage

Un hectare de terre consacré à la production de bétail ne fournit environ qu'un dixième de l'énergie et de la quantité des protéines obtenues avec un hectare de blé ou de soja. Or, une grande partie de nos cultures est consacrée à l'alimentation animale, instaurant un climat de concurrence dans lequel les animaux d'élevage mangent des

Les principaux mammifères
Une ferme traditionnelle compte plusieurs types d'animaux : les vaches et les moutons, qui paissent dans les prés, souvent là où les cultures ne sont plus très rentables. Les chèvres ont un régime plus varié, se nourrissant d'herbes et de broussailles n'ayant aucune autre utilité. Quant aux cochons, omnivores, ils se régalent de tous résidus alimentaires.

aliments que nous aurions pu consommer directement. Ainsi, pour nourrir une population mondiale de dix milliards d'individus, il faudra en réalité produire de quoi nourrir quatorze milliards de bouches. L'accentuation de cette tendance pourrait conduire la production au maximum de sa capacité.

L'économie bovine
L'économie de l'Inde rurale repose complètement sur les bovins, même si la loi interdit leur consommation. Ce sont eux qui tirent la charrue dans les champs et les chariots sur les routes, tandis que le fumier qu'ils produisent sert d'engrais et de combustible.

Herbivores et omnivores

Cela ne signifie pas que toute forme d'élevage est insensée. Le bétail se divise en deux principaux groupes : les herbivores (bovins et ovins) et les omnivores. Les premiers tirent leur énergie de la cellulose, le composant principal de la paroi des cellules végétales. Les meilleurs pâturages occupent souvent des terrains en pente ou marécageux, et les régions semi-arides peuvent supporter de grands troupeaux, ce qui permet d'exploiter des terres autrement impropres à l'agriculture. Et lorsque les vaches paissent sur des terrains agricoles, comme c'est le cas dans de nombreux systèmes de cultures alternées, leurs excréments tendent à maintenir la fertilité du sol. Parmi les

Le surpâturage
Les chèvres sont très à l'aise dans un paysage inhospitalier comme celui-ci. Mais la taille des troupeaux conduit souvent à des problèmes de surpâturage, qui laisse le sol sans protection contre l'érosion.

omnivores, on recense les porcins et les volailles, qui peuvent absorber les mêmes aliments que les humains (soit un mélange de viande et de végétaux) et que l'on nourrit généralement à base de grains moulus et de résidus alimentaires. Eux aussi contribuent à la fertilité du sol, et les porcins éliminent toutes les mauvaises herbes sur leur passage. Dans le passé, le bétail a ainsi toujours été élevé en parallèle, et non en compétition avec les cultures de base.

Le rôle de la viande

Bien que l'être humain puisse entièrement se passer de viande (représentant 35 % de nos apports protéiques – 58 % en Amérique du Nord, contre 21 % seulement en Afrique), la plupart d'entre nous seraient pris au dépourvu s'ils en étaient privés du jour au lendemain. La majeure partie des ressources consacrées à leur production (pâturages, fourrage) ne contribue de toute façon pas à notre alimentation.

En d'autres termes, il serait erroné d'appeler au végétarisme généralisé et d'abolir tout élevage d'animaux. L'abandon des terrains en pente et des zones humides, où les cultures sont impossibles mais où les chèvres, les moutons et les vaches vivent à merveille, aurait pour conséquence la consommation des surplus agricoles actuellement consacrés aux porcins et à la volaille. Qui plus est, la viande et les produits laitiers contiennent des protéines de grande qualité (présentant les meilleures proportions d'acides aminés) ainsi que des éléments essentiels qu'il est difficile d'obtenir à partir des végétaux, tels que la vitamine B12, le zinc, le calcium et certains lipides (indispensables au corps humain). En bref, l'élevage d'animaux se justifie de nombreuses manières, au-delà du plaisir et des habitudes liés à leur consommation. Comme dans tant d'autres domaines, il s'agit de rester dans certaines limites.

À retenir

Les ruminants se nourrissent de végétaux impropres à la consommation humaine et peuvent être élevés sur des terrains marginaux, où les cultures n'atteindraient pas de bons rendements. Les autres types de bétail s'alimentent de grains moulus et de détritus et apprécient les résidus alimentaires.

L'importance du poisson

Les besoins protéiques de l'humanité tout entière pourraient théoriquement être satisfaits par les poissons et les fruits de mer, qui en plus d'être des aliments très nutritifs sont riches en acides gras insaturés, contribuant à réduire le niveau de cholestérol dans le sang. Or, la plupart des stocks de poissons sont soit exploités, soit déjà épuisés par des pêches trop intensives.

Protéines à la carte
Certaines sociétés reposent presque exclusivement sur le poisson et les fruits de mer pour leur alimentation, tandis que d'autres n'en font pratiquement pas usage.

Consommation de poissons
Si l'aquaculture est presque exclusivement réservée à l'alimentation humaine (16 % du poisson consommé), 50 % des pêches finissent dans notre assiette.

L'épuisement des stocks

Le volume des pêches mondiales avoisine actuellement les 123 millions de tonnes par an, dont la moitié seulement est réellement consommable, et auquel il faut ajouter les 20 millions de tonnes annuelles produites en aquaculture. Au total, nous consommons donc environ 86 millions de tonnes de poissons et de fruits de mer par an, soit 15 kg par personne, ce qui équivaut à 280 g par semaine.

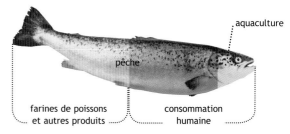

aquaculture

pêche

farines de poissons et autres produits

consommation humaine

Si cette ressource était répartie de manière équitable et si chacun disposait en parallèle d'une quantité suffisante de produits de base (blé, riz, légumes, etc.), nous serions tous très bien nourris.

Si les pêcheurs respectaient le concept de « production maximale équilibrée », les stocks de poissons pourraient en principe être maintenus à perpétuité. Cela est rarement le cas, et ce pour diverses raisons : d'une part ce plafond, qui repose sur des données très incertaines, est extrêmement difficile à calculer. Il dépend essentiellement de la taille de la population de l'espèce en question, de son

Les graisses essentielles

Le peuple inuit est un des moins touchés par les maladies cardiaques, malgré un régime riche en graisses et très pauvre en fruits, légumes et hydrates de carbone. Cela est dû au fait que les graisses absorbées proviennent de poissons tels que le saumon et le hareng, qui leur procurent une des deux familles d'acides gras essentiels : le groupe oméga-3. Ces derniers sont indispensables à l'entretien des membranes cellulaires, au transport des graisses au travers du corps et à la production d'hormones locales connues sous le nom de prostaglandines, qui augmente lors d'épisodes de stress. Ces graisses complexes jouent ainsi un rôle crucial à la fois dans la structure et la fonction des cellules du corps. Un manque d'acides oméga-3 peut entraîner certains problèmes cardio-vasculaires, tels qu'une mauvaise circulation sanguine, des crises cardiaques et certaines maladies articulaires, telles que l'arthrite rhumatoïde.

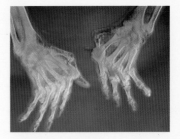

Le manque d'huile
Ces os déformés sont symptomatiques de l'arthrite rhumatoïde. Un manque d'huiles essentielles peut amplifier ce symptôme.

taux de croissance et de son taux de reproduction, des valeurs tendant à fluctuer de saison en saison. Tous les pays dotés d'un accès à la mer pratiquent la pêche, activité dont la mécanisation croissante nécessite des volumes de plus en plus importants pour justifier les investissements. Les quotas imposés sur les pêches, souvent trop stricts et très difficiles à faire respecter, ont jusqu'ici échoué à résoudre les problèmes de surexploitation.

"Les économistes prétendent que, dans la mesure où les pêches se limitent aux espèces et populations abondantes, elles ne peuvent les conduire à l'extinction. C'est complètement faux."

Dans la mesure où les pêches se limitent aux espèces abondantes, les économistes prétendent qu'elles ne peuvent conduire à aucune extinction. Cette affirmation est parfaitement erronée pour plusieurs raisons : tout d'abord, les pêcheurs ramènent souvent des espèces rares dans leurs filets dans ce que l'on appelle les prises accessoires, et certaines méthodes, telles que la pêche au chalut et les élevages de crevettes dans les mangroves détruisent de nombreux sites de reproduction. Certaines espèces commerciales comme la grande raie et le thon bleu semblent de fait déjà être en voie d'extinction.

Un poisson de trop
Les lacs et les océans renferment l'une de nos plus importantes ressources naturelles. Mais les véritables usines flottantes qui les exploitent sont en train de la dilapider, poussant plusieurs espèces au bord de l'extinction.

En résumé, nous sommes actuellement en train de dilapider l'une de nos plus importantes ressources naturelles et de faire de cette abondante source d'alimentation un luxe réservé aux riches.

Les conséquences de l'aquaculture

Plus de 220 espèces de poissons et de fruits de mer sont aujourd'hui produites en captivité : bacs, piscines, étangs, lagons, les possibilités sont nombreuses. Or, tandis que certaines cultures permettent d'alléger la pression sur les populations situées en milieu naturel, d'autres créent leurs propres problèmes. Les 9 millions de tonnes de carpes (poissons herbivores ou détritivores) produites à l'année en Asie, et notamment en Chine dans les rizières et mares communales,

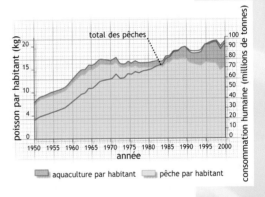

aquaculture par habitant pêche par habitant

augmentent la production mondiale de manière significative. En revanche, les saumons «atlantiques» (700 millions de tonnes produites par an) sont des animaux carnivores, dont l'alimentation est essentiellement à base de farines de maquereaux et d'anchois. Sachant qu'il faut 2 à 3 kg de ces aliments pour produire 1 kg de protéines, cette forme d'aquaculture augmente en réalité la pression exercée sur les espèces sauvages. Les fermes piscicoles en eaux profondes (qui font usage de cages flottantes) affectent quant à elles la santé des populations libres avoisinantes en déséquilibrant les concentrations de nutriments et en propageant des organismes pathogènes.

L'aquaculture
Pour satisfaire une demande croissante, l'aquaculture progresse à un rythme soutenu : la production a plus que doublé entre 1985 et l'an 2000, représentant près du quart de la production destinée à l'alimentation humaine.

Les pratiques agricoles

L e secteur agricole a connu de profondes transformations au cours des dernières décennies, et ce n'est qu'un début : d'un côté l'ultracompétition pousse les agriculteurs à maximiser leurs rendements, de l'autre les mouvements écologistes appellent à l'utilisation de méthodes plus respectueuses de l'environnement, tandis que la grande distribution exige des produits uniformément esthétiques et disponibles en toute saison. En outre, les deux grands courants de consommateurs, l'un à la recherche des produits les moins chers et l'autre privilégiant la saveur et la qualité sur le prix, conduisent à une polarisation croissante entre l'approche industrielle et l'agriculture dite « biologique ». Les bienfaits de la technologie ne sont plus à vanter, mais l'humanité a trop souvent tendance à les sacraliser. Or, il est impératif de passer à une agriculture capable de fournir des aliments sains et savoureux à une population croissante tout en respectant les autres formes de vie et l'environnement en général.

L'élevage en batterie

Les poulets en batterie sont souvent élevés par dizaines de milliers sous un même toit, atteignant leur « poids commercial » en l'espace de six semaines à peine. Aussi remarquable que cela puisse paraître, les animaux en paient les conséquences et menacent la santé des consommateurs.

L'industrie agroalimentaire

Les différents acteurs du secteur agroalimentaire ont toujours été en quête du rendement optimal. Le principe est très simple : le rendement étant égal au rapport entre les entrées et les sorties, un fermier qui s'échine trois semaines à faire pousser trois choux est de toute évidence moins efficace qu'un fermier obtenant 10 choux en investissant une heure de travail. De même, une poule consommant 45 kg de grains à l'année et produisant 20 œufs est moins efficace qu'une poule produisant 300 œufs pour la même quantité de nourriture.

Comptabiliser les entrées

Mais en y regardant de plus près, les choses se compliquent : toute production agricole repose sur une grande

L'industrie bananière
L'économie de nombreux pays latino-américains repose sur l'export de fruits, tels que ces bananes produites en masse à l'aide de systèmes hautement mécanisés, sous le contrôle de capitaux américains. Cela met en péril les milliers de petits producteurs des Caraïbes travaillant encore avec des méthodes traditionnelles.

variété d'entrées, dont les plus critiques sont sans conteste la surface au sol, la main-d'œuvre, le capital investi (sous la forme d'outils, d'engins ou de bâtiments), les engrais, la nourriture (s'il s'agit d'animaux) et toute une série de dépenses supplémentaires, telles que le transport des marchandises, le remboursement des emprunts bancaires, etc. Il n'y a encore pas si longtemps, une grande partie de ces entrées passaient inaperçues, ou étaient utilisées à perte : sur les exploitations familiales, travailler de l'aube au crépuscule ne rapportait souvent rien de plus qu'un repas quotidien et un toit pour se protéger des intempéries. Avec l'élevage du bétail sur les terres communales, les fermiers bénéficiaient en revanche d'une entrée gratuite non négligeable.

Différentes entrées peuvent se compenser les unes les autres. Un fermier labourant son champ à la main a des coûts d'investissement bien inférieurs à celui qui dispose d'un tracteur, mais il lui faut beaucoup plus de temps pour arriver au même résultat. Qui des deux est le plus efficace au bout du compte ? La réponse n'est pas toujours évidente. C'est pourquoi les professionnels du monde agricole se sont mis à traduire toutes les entrées en termes monétaires, permettant ainsi d'évaluer les compromis entre frais de main-d'œuvre et coûts matériels.

L'élevage en liberté
Jadis, les poules couraient librement dans la basse-cour et les œufs étaient ramassés à la main. Les rendements n'étaient certes pas très élevés, mais les coûts de production quasi nuls.

Les coûts invisibles
Un bon tracteur peut remplacer un bataillon d'ouvriers armés de bêches. Mais l'avantage n'est réel que si ceux-ci trouvent un autre emploi.

Les écueils de l'approche mercantile

L'évaluation des coûts de production se heurte à deux problèmes. Tout d'abord, de nombreux systèmes traditionnels reposent sur des types d'entrées très difficiles à valoriser, tels les friches communales et le bois de chauffe recueilli en forêt, car ce qui ne se prête pas à une évaluation précise tend à ne pas figurer dans les comptes.

Ensuite, la main-d'œuvre représentant souvent la principale source de dépenses d'une activité agricole, les exploitants se voient aujourd'hui contraints à la réduire au maximum. Au cours du siècle dernier, les hommes se sont ainsi progressivement vus remplacés par des engins agricoles et des produits chimiques, qui permettent de cultiver à une tout autre échelle.

En résumé, sans une comptabilité rigoureuse maintenant les dépenses au strict nécessaire, une ferme est sous la menace permanente d'une mauvaise allocation des ressources. La conséquence de cette situation est que pour rester compétitifs les agriculteurs n'ont d'autre choix que d'avoir recours aux produits les moins chers, avec tous les écarts que l'on peut imaginer.

Les effets dévastateurs des pesticides furent brillamment exposés par **Rachel Carson** en 1962 dans son livre *Printemps silencieux*, où elle décrit comment les organophosphates et les organochlorés, tels que le DDT et la dieldrine, affectent les populations d'oiseaux, comme dans ce lac en Californie où le DDT utilisé pour anéantir les moucherons gênant les pêcheurs décima la population de grèbes et où l'on mesura jusque 2 500 parties par million (ppm) chez les carnivores à partir d'une concentration d'à peine 0,02 ppm dans l'eau et de 5 ppm dans le plancton.

La course à la croissance

Ce climat de compétitivité a conduit à l'emploi d'aliments pour animaux de plus en plus raffinés (à base d'un mélange de fourrage et de seigle riche en protéines en été et d'un mélange de fourrage ensilé – de l'herbe fermentée – et de céréales en hiver), réduisant la période de croissance des bovins de

Une menace pour la nature

Près de la moitié des quelque 30 millions d'espèces animales et végétales de la planète sont en danger d'extinction, l'agriculture constituant de loin la première menace. Au fil de la disparition de leur habitat au profit de cultures, les cerfs ont fui les plaines d'Europe et les bisons les prairies de l'Amérique du Nord. Les espèces exotiques introduites par les agriculteurs chassent souvent les espèces natives. Les fermiers sont par définition hostiles aux animaux qui menacent leur bétail, tels que les loups ou les ours. Enfin, en exterminant certains maillons de la chaîne trophique, les produits chimiques employés par les agriculteurs tendent à bouleverser la structure des communautés naturelles.

Une agriculture destructrice

l'agriculture se développe aux dépens de la nature, particulièrement s'il s'agit d'exploitations industrielles ayant recours à de grandes quantités de produits chimiques

en exterminant la plupart des insectes, les pesticides utilisés par l'agriculture moderne affectent les populations d'oiseaux

l'introduction d'animaux d'élevage tend à chasser les espèces autochtones

la disparition progressive des bosquets et du bocage se traduit par une perte d'habitat pour de nombreuses espèces

pour protéger les animaux de la ferme, les prédateurs sont systématiquement traqués

Extinction d'espèces

Les Américains ont décimé l'aigle royal, leur symbole national, tandis que les Britanniques vinrent à bout de l'aigle à queue blanche ; ces deux espèces étaient injustement accusées de vol de moutons.

vache Ayrshire

vache Holstein

trois ans à dix-huit mois par rapport à un élevage en plein air. La race Barley beef, nourrie à 90 % d'orge, atteint son poids commercial en à peine dix mois.

Une vache élevée dans un pré produit environ 4 000 litres de lait par an, soit plus du double de la quantité de lait produite à l'état sauvage. Les vaches élevées en batterie et nourries de fourrage, de seigle et de graines de soja, à l'instar des races Holstein ou Frisonnes, arrivent à produire plus de 10 000 litres par an, soit 6 fois la production de leurs ancêtres rustiques.

Les poules élevées en batterie pondent autour de 300 œufs par an, contre une douzaine à l'état sauvage, tandis que les poulets peuvent aujourd'hui atteindre leur poids commercial en moins de six semaines, soit deux fois moins de temps que dans une ferme traditionnelle. La croissance et la productivité des exploitations modernes pourraient encore être augmentées en chauffant les étables pendant l'hiver et en limitant les mouvements des animaux au maximum pour éviter tout « gaspillage » d'énergie.

Toujours plus de lait
La production de lait de vaches rustiques telles que la race Ayshire est inférieure à celle des vaches Holstein, nourries à l'aide d'un fourrage particulier.

Huis clos
Ne pouvant dépenser de l'énergie en se déplaçant, les cochons élevés en batterie grandissent plus vite. Le coût des installations est vite amorti par la productivité et la réduction de la main-d'œuvre.

La nourriture animale

Les éleveurs cherchent souvent à réduire leurs coûts de production en modifiant l'alimentation de leurs animaux. Cela aboutit à des pratiques douteuses, telles que nourrir des vaches avec un mélange de paille et de lisier de volaille, ou avec des excréments humains, présentant de sérieux risques pour les animaux en question et pour le consommateur de viande. La raison en est que le système digestif des ruminants, conçu pour décomposer la cellulose, est capable d'exploiter le type d'azote présent dans ces déchets.

Le système digestif de la vache

Une vache digère deux fois (une fois dans le rumen et le réticulum, et une seconde dans l'omasum et l'abomasum). Les bactéries cellulolytiques du premier compartiment utilisent l'azote pour fabriquer des protéines que la vache absorbe directement.

abomasum · omasum ·

colon ....

intestin grêle .....

deuxième passage des aliments

réticulum ·

· panse

premier passage des aliments

Ce mode d'élevage est généralement associé à des programmes de sélection (voir p. 45-65) permettant de pousser encore plus loin la production par individu.

Le risque de maladies

Malheureusement, cette course à la productivité tend à favoriser la propagation de certaines maladies. Les fortes concentrations d'animaux ou densités de cultures stimulent en effet les parasites et infections. Pour éviter tout risque d'épidémie, les cochons élevés en porcherie reçoivent d'importantes quantités d'antibiotiques, pratique qui est probablement à l'origine de la prolifération de souches résistantes et constituant une menace directe pour la santé humaine.

La production intégrée

Une des caractéristiques fondamentales du secteur agroalimentaire actuel est la relation étroite qu'entretiennent les agriculteurs avec les autres acteurs du marché : fournisseurs, fabricants d'engrais et de pesticides et distributeurs. L'agriculture industrielle présente une forte « intégration » horizontale et verticale. L'intégration horizontale fait référence à la manière dont les différents exploitants collaborent les uns avec les autres : l'association de petites porcheries traditionnelles conduit ainsi à de grandes unités centralisées pouvant héberger des milliers d'individus ; les fabricants d'engrais et de pesticides vendent souvent également des grains, etc. L'intégration verticale correspond à la manière dont les divers maillons de la chaîne de production se complètent les uns les autres. Ici aussi, la tendance est à l'intégration croissante des différentes activités.

"Le succès de la chaîne alimentaire moderne réside dans une intégration tant verticale qu'horizontale".

Cette intégration permet d'effectuer d'importantes économies d'échelle : les animaux qui étaient autrefois conduits au compte-gouttes à l'abattoir local sont désor-

La chaîne de distribution
Fut un temps où les fermiers vendaient leurs produits directement sur les marchés. Puis ils se mirent à négocier avec des grossistes, qui se chargeaient de leur transport jusqu'à la ville. Depuis, le nombre d'intermédiaires n'a cessé de croître.

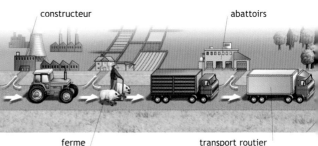

constructeur   abattoirs

ferme   transport routier

mais transportés par douzaines vers de grands abattoirs centralisés, se trouvant parfois à des centaines de kilomètres. Mais cela n'est pas sans poser de graves problèmes, tant sur le plan social et politique que biologique. Les tomates, qui étaient autrefois produites pour leur saveur, sont aujourd'hui sélectionnées pour supporter de longs voyages et une longue attente sur les étalages des supermarchés. De manière bien plus préoccupante, l'épidémie de fièvre aphteuse survenue au Royaume-Uni en 2001, contrairement à celle de 1967 qui était restée confinée à une partie du pays, s'est rapidement propagée en France et aux Pays-Bas, favorisée par l'exportation d'animaux vivants.

Au cours des dernières décennies, les rapports entre producteurs, fabricants d'aliments, grossistes et distributeurs sont devenus extrêmement tendus. Le rôle d'acteurs tout-puissants tenu par les fabricants et grossistes dans les années 60 et 70 semble aujourd'hui être tombé entre les mains des distributeurs, représentés par une poignée de chaînes de supermarchés dictant pour ainsi dire la forme et la couleur de chaque aliment, et poussant les agriculteurs à privilégier la rentabilité au détriment de la qualité.

La dictature des supermarchés
Au cours des années 70, la chaîne alimentaire fut sur le point de tomber sous la domination des fabricants d'aliments, tels que les fabricants de surgelés et de boîtes de conserve. Mais les chaînes de supermarchés ont depuis affirmé leur suprématie.

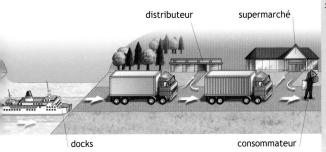

distributeur   supermarché

docks   consommateur

L'alternative biologique

Contrairement à l'agriculture dite «industrielle», l'agriculture biologique, limitée à l'utilisation d'engrais naturels, évite tout engrais artificiel ou produit chimique et a recours à des mesures visant à préserver la fertilité du sol. Ses partisans soutiennent qu'elle représente une alternative beaucoup moins polluante. La santé des sols est entretenue par des pratiques conservatrices telles que l'enfouissement des racines. Au lieu d'utiliser des pesticides, les agriculteurs biologiques protègent leurs cultures en faisant appel aux prédateurs naturels des parasites qui les menacent. Ils ont également recours aux cultures intercalées, ce qui consiste par exemple à cultiver des oignons entre des rangées de carottes pour décourager les parasites.

Les microbes du sol
Une grande partie de la masse d'un échantillon de sol fertile est constituée par les bactéries, mortes ou vivantes. Les agriculteurs biologiques attachent une grande importance aux microbes du sol, qui sont à l'origine d'un grand nombre de produits bénéfiques, allant des nitrates aux antibiotiques naturels.

Améliorer la fertilité du sol

L'apport de matière organique, par exemple par l'épandage de lisier, conduit presque toujours à l'amélioration des conditions du sol. Cela est dû au fait que l'important rapport surface/volume de l'humus favorise la rétention d'eau et de minéraux tout en contribuant à l'aération du

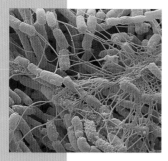

sol et en évitant son engorgement par les eaux de ruissellement, qui tend à ralentir la croissance des plantes en abaissant les températures.

Les agriculteurs biologiques considèrent que l'application d'humus est plus qu'un simple apport de nutriments et une amélioration de la texture du sol : la matière organique favorise en effet également la prolifération de micro-organismes (champignons et bactéries), qui ont souvent une influence favorable sur la croissance des cultures. Se nourrissant des sucres exsudés par les racines des plantes, ils produisent des antibiotiques naturels qui protègent les cultures contre d'autres micro-organismes. Il ne fait aucun doute que l'existence d'une telle faune microbienne, pratiquement absente des systèmes industriels, contribue pour une large part à la qualité des produits.

Fixer l'azote

Un autre processus naturel encouragé et exploité par l'agriculture biologique est la fixation naturelle de l'azote. Différents types de bactéries sont capables de convertir l'azote atmosphérique en nitrates, élément indispensable à la croissance des végétaux. Certaines d'entre elles se trouvent à la surface des plantes, tandis que d'autres vivent « librement » dans le sol, où elles ont parfois développé des relations symbiotiques très étroites avec certaines espèces végétales. L'association la plus connue, et de loin la plus importante, implique le genre *Rhizobium*, qui forme des nodules à l'intérieur des racines des légumi-

Le cycle de l'azote
Les plantes et les animaux ont besoin d'azote pour la formation de leurs protéines et de leur ADN. L'atmosphère est constituée d'azote à près de 80 %, mais sous une forme inutile à la plupart des organismes vivants. Certaines bactéries sont capables de « fixer » ce gaz sous forme de nitrates, indispensables à la croissance des plantes. Les animaux consommant ces plantes rejettent l'azote en surplus, qui est transformé en nitrites par d'autres bactéries, puis de nouveau en nitrates. D'autres bactéries se chargent de reconstituer l'azote atmosphérique en décomposant les nitrates.

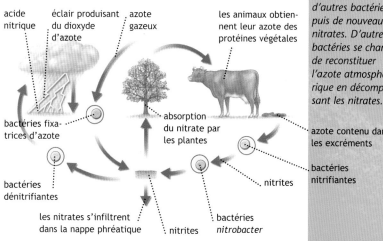

acide nitrique

éclair produisant du dioxyde d'azote

azote gazeux

les animaux obtiennent leur azote des protéines végétales

bactéries fixatrices d'azote

absorption du nitrate par les plantes

azote contenu dans les excréments

bactéries dénitrifiantes

bactéries nitrifiantes

nitrites

les nitrates s'infiltrent dans la nappe phréatique

nitrites

bactéries *nitrobacter*

réseau mycélien
à l'intérieur de
la racine
d'un arbre

La symbiose
*L'agriculture
biologique
cherche à stimuler
la croissance des
cultures par des
voies naturelles. Les
champignons se
développant entre
et à l'intérieur des
cellules racinaires
de certaines espèces
tendent à
augmenter leur
capacité d'absorp-
tion de minéraux et
nutriments du sol.*

neuses, telles que la luzerne, les trèfles et les légumes secs.
Le fait d'intercaler des rangées de trèfle avec des céréales
ou des légumes assure ainsi une fertilisation naturelle
du sol. Les agriculteurs biologiques souhaite-
raient voir cette pratique généralisée à la
plupart des exploitations.

La rotation des cultures

La répétition des mêmes cultures année
après année tend à réduire la fertilité du sol
et à favoriser la prolifération des mauvaises
herbes et des parasites associés. Pour y pallier, les
Chinois et plus tard les Romains développèrent la
pratique de rotation des cultures, qui consiste à les
alterner, par exemple à semer des céréales une année et
des légumineuses l'année suivante. Le système de rotation
en vigueur en Europe du Nord s'étale sur trois ans : généralement du blé la première année, de l'avoine la
deuxième et mise en jachère la troisième. Développé au
XVIIe siècle, le système «à quatre temps» de Norfolk
produit des céréales tous les deux ans. Les agriculteurs
biologiques font aujourd'hui encore usage de ces
pratiques.

**Système
de rotation
en quatre temps**
*On plante des
tubercules la
première année, on
sème du blé ou de
l'orge la deuxième,
un mélange d'herbe
et de légumineuses
la troisième, puis de
nouveau une variété
de céréales. La
rentabilité de ce
système dépend
d'une organisation
à toute épreuve.*

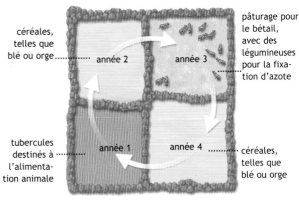

céréales,
telles que
blé ou orge .... année 2

année 3 .... pâturage pour
le bétail,
avec des
légumineuses
pour la fixa-
tion d'azote

tubercules
destinés à .... année 1
l'alimenta-
tion animale

année 4 .... céréales,
telles que
blé ou orge

L'élevage

Les éleveurs biologiques, qui ne nourrissent leurs animaux qu'avec des aliments naturels et les laissent vivre en plein air, sont réputés pour la saveur, la qualité et la salubrité de leurs produits. Ils n'administrent au bétail aucun médicament ni antibiotique en l'absence de maladie (hormis certains vaccins), de même qu'ils rejettent tout traitement hormonal. En général, les produits issus de ces exploitations ont une texture et un goût bien meilleurs que ceux des animaux élevés en batterie et poussés aux limites de leurs capacités de croissance par les « miracles » de la chimie.

L'agriculture biologique suffira-t-elle ?

Si toute la viande que nous consommons devait être produite selon des préceptes biologiques, il nous faudrait multiplier plusieurs fois la superficie actuellement consacrée à l'élevage. Mais dans la mesure où l'homme n'a pas besoin de grandes quantités de viande pour vivre, cela pourrait être évité. En ce qui concerne les cultures, il existe peu de choix entre l'agriculture industrielle, qui fait usage d'engrais synthétiques, et l'agriculture biologique, limitée aux engrais naturels. Les fermes biologiques peuvent difficilement égaler les apports en azote des exploitations industrielles, provenant de sources externes au système. Une grande partie de l'azote du sol étant perdue à chaque récolte et la majorité de ces récoltes étant destinée à la consommation humaine, à moins de récolter et d'épandre les excréments humains dans les champs, le bilan de l'azote ne peut être que négatif. En n'ayant recours qu'au lisier, il faudrait que la masse animale à son origine soit égale à la masse de consommateurs humains.

Nature animale
L'élevage en plein air ne se limite pas à l'agriculture biologique, mais les animaux semblent y être élevés dans des conditions sensiblement plus naturelles.

À retenir

• Les agriculteurs biologiques évitent les engrais de synthèse et les pesticides chimiques.
• Ils accordent une importance particulière à la structure du sol et aux organismes qui y vivent.

L'harmonisation des deux systèmes

En termes de rendement, l'agriculture biologique est comparable aux moins productives des exploitations industrielles. Mais dans les deux systèmes les fermes les mieux gérées présentent des rendements deux ou trois fois plus élevés que la moyenne.

Le pour et le contre

Les mesures de traitement des sols employées par les agriculteurs biologiques ne sont pas sans poser de problèmes. L'épandage de lisier à l'automne tend par exemple à polluer les cours d'eau par suite du lessivage des nitrates pendant les pluies hivernales, tandis que les engrais synthétiques peuvent être appliqués directement au niveau des racines des plantes en croissance, évitant tout gaspillage et risque de fuite. Par ailleurs, l'intense labour effectué contre les mauvaises herbes cause plus de dommages à la faune invertébrée du sol qu'un traitement aux herbicides bien calculé. Enfin, même les agriculteurs biologiques sont parfois contraints d'employer des pesticides pour sauver leurs récoltes, tel le cuivre qu'ils appliquent, bien qu'à des doses plus réduites que les agriculteurs industriels, contre les attaques de champignons.

En plein air
Les poulets élevés en plein air sont généralement en meilleure santé et plus robustes que les poulets élevés en batterie. Mais cette liberté a un prix, que les consommateurs doivent être prêts à payer.

Les bonnes pratiques d'élevage

Dans l'idéal, toutes les exploitations devraient se soumettre à un code de bonne conduite protégeant cultures et animaux de leurs prédateurs, des

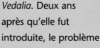

abeille
parasite

Le contrôle biologique

Le premier exemple officiel de contrôle biologique nous vient de Californie, où une invasion de cochenilles, d'origine probablement australienne, ravagea les plantations de citronniers en 1868. En 1888, Albert Koebele importa d'Australie l'ennemi naturel du parasite, la coccinelle *Vedalia*. Deux ans après qu'elle fut introduite, le problème était résolu. Les contrôles biologiques sont aujourd'hui devenus une pratique courante. L'un des agents les plus fréquemment utilisés est l'*ichneumon*, une abeille minuscule qui pond ses œufs dans le corps de chenilles… Les entomologistes travaillent à la mise au point de systèmes de contrôle chimiques basés sur des phéromones et censés tenir les insectes nuisibles à l'écart des cultures.

Un véritable fléau
Les pucerons piquent les plantes, en sucent les liquides vitaux et transmettent des virus aux cultures.

insectes, des parasites et des mauvaises herbes : association de certaines cultures et de certaines espèces animales, respect de densités modérées et traitement raisonnable des animaux, tant pour leur santé que pour leur bien-être. Ces bonnes pratiques pourraient être associées à des systèmes de contrôle sophistiqués et hautement spécifiques : pesticides, fongicides, herbicides, vaccins et médicaments. Cela dit, les agriculteurs devraient bien entendu favoriser les espèces présentant une immunité naturelle contre certaines maladies et certains parasites (voir p. 52-53).

Dans ce contexte, un bon éleveur de bovins fait toujours attention à la santé de son troupeau, évite que ses vaches ne produisent trop de lait, et surveille l'état de salubrité de la salle de traite.

Le facteur génétique

V oilà plusieurs millénaires que l'homme procède à la sélection et au croisement des espèces qui l'intéressent, conduisant à d'importantes différences génétiques entre les plantes et animaux domestiques et leurs ancêtres sauvages. Or, avec l'avènement de la génétique au début du XXe siècle et de la biologie moléculaire il y a quelques décennies, ces différences n'ont cessé de s'accentuer. À l'avenir, les généticiens devraient être en mesure de manipuler les espèces animales ou végétales en fonction de besoins très spécifiques. Les diverses biotechnologies apparues ces dernières années nous permettront peut-être un jour de synthétiser nos aliments directement en laboratoire en se passant des caprices du climat. D'un autre côté, l'agriculture à ciel ouvert, que nous pratiquons depuis dix mille ans, occupe actuellement la plupart des terres arables de la planète. Le régime alimentaire de nos descendants (nourriture à l'aide de cultures en plein air ou de systèmes à haute technologie) ne dépendra que des choix qu'ils feront.

Moutons clonés
Ces moutons génétiquement identiques sont l'œuvre de la science. Ce sont tous des «clones» d'un même individu.

Le rôle des croisements

Une judicieuse sélection

Dans l'Égypte ancienne, quelques siècles avant Jésus-Christ, les agriculteurs produisaient jusqu'à deux tonnes de blé par hectare, un rendement aujourd'hui banal mais encore rare dans l'Europe du XIXᵉ siècle. Les berges du Nil étaient certes très fertiles, mais les Égyptiens avaient aussi su sélectionner les meilleures variétés.

Depuis que l'agriculture existe, l'homme n'a eu de cesse de chercher à « améliorer » les espèces naturelles en développant les variétés (plantes) et les races (animaux) les mieux adaptées aux conditions environnementales et aux apports qu'il est en mesure de leur fournir. L'art des croisements est vieux comme le monde : la Perse antique est ainsi réputée pour ses superbes races de chevaux, tandis que les Romains développèrent des fruits et légumes savoureux. Mais les fondements scientifiques de cette pratique sont résolument ancrés dans le XXᵉ siècle.

La sélection

Aussi sophistiquées que soient les techniques mises à sa disposition, tout agriculteur doit se conformer à deux principes génétiques fondamentaux : le premier, connu depuis toujours, est celui de la sélection. Ce principe consiste à sélectionner, génération après génération, les plantes acclimatées aux conditions locales, ce qui se fait partiellement de manière naturelle puisque les graines utilisées d'une année sur l'autre sont obligatoirement issues des plantes ayant survécu. Cette sélection naturelle donne lieu à des variétés locales.

"L'homme pratique les croisements depuis des millénaires, mais la *science* des croisements – la génétique – est née au XXᵉ siècle".

Dans une étape suivante, l'agriculteur oriente le processus de sélection dans la direction qui l'intéresse, ne retenant que les individus satisfaisant certains critères (le restant de la récolte rejoignant la chaîne alimentaire). Les variétés ainsi conservées sont connues sous le nom de cultivars (pour variétés cultivées).

La phase de croisements

Le second principe est celui des croisements, qui consistent à apparier deux individus de variétés, races ou espèces différentes (mais étroitement apparentées dans le dernier cas), présentant des caractéristiques complémentaires. On trie ensuite parmi la descendance les quelques individus regroupant les propriétés désirées, que l'on met directement en culture ou que l'on soumet à un nouveau croisement pour développer une variété encore plus intéressante. Certaines variétés de blé cultivées à l'heure actuelle sont ainsi le résultat de milliers de croisements, à savoir que les variétés utilisées pour la fabrication du pain ont été croisées avec trois espèces de graminées.

La science des croisements

Le succès de ces croisements dépend des lois régulant la transmission des gènes, c'est-à-dire des modalités de la fusion entre les ovules et les spermatozoïdes (ou les grains de pollen dans le cas des plantes) aboutissant à des descendants analogues, mais non identiques, à leurs parents. Les personnes pratiquant ces croisements furent pendant longtemps limitées par leur ignorance des règles fondamentales de la génétique, et incapables de prévoir avec exactitude le résultat de leurs expériences. Darwin

Conçu pour gambader
Les animaux issus de croisements sont souvent mieux adaptés à certaines conditions que les races pures. La poule ci-contre, issue d'un coq Rhode Island et d'une poule de race Light Sussex, est très bien adaptée à l'élevage en plein air sur de petites propriétés.

Des mélanges d'encres
Deux encres, telles que ces encres bleue et jaune, se mélangent parfaitement l'une à l'autre, tandis que les gènes demeurent toujours séparés.

À retenir

• Chaque caractère est codé par une entité, ou gène.
• Deux parents contribuent de manière égale au patrimoine génétique de leur descendance.
• Les allèles – les variétés d'un même gène – peuvent être dominants ou récessifs.

lui-même crut pendant longtemps que la combinaison des gènes au moment de la fécondation était le fruit du hasard, comme le mélange de deux encres de couleurs différentes. Certains biologistes de l'époque émirent l'hypothèse que certains caractères se transmettent sous la forme de facteurs héréditaires indépendants. Mais la première démonstration scientifique n'en vint qu'en 1866, avec la publication des résultats des travaux du moine Grégor Mendel (voir encadré à droite).

La naissance de la génétique

Fait surprenant, ces résultats furent ignorés pendant près de trente-cinq ans, pour être finalement redécouverts en 1900 par trois biologistes différents. Partant de cette base, les travaux du Britannique William Bateson élevèrent la génétique au rang de véritable science, dotée de son propre vocabulaire : les facteurs héréditaires devinrent des gènes, la somme des gènes d'un organisme fut baptisée génome, l'ensemble des gènes disponibles au sein d'une même population d'animaux ou de plantes fut appelé patrimoine génétique, les changements spontanés affectant les gènes devinrent des mutations et les différentes versions d'un même gène des allèles.

L'autre grand instigateur de la génétique est sans conteste l'Américain Thomas Hunt Morgan, professeur à l'université de Columbia (New York) entre 1904 et 1928. C'est lui qui est à l'origine des premières expériences de croisements avec la mouche drosophile, caractérisée par une structure génétique extrêmement simple, répartie sur à peine quatre chromosomes. Contrairement à ce que croyait Mendel, Morgan démontra que les gènes ne se transmettent pas toujours de manière indépendante, mais qu'ils sont souvent «liés» aux autres gènes d'un même chromosome. Ses études aboutirent à la première

Les découvertes de Mendel

Grégor Mendel croisa des variétés de pois différant par des traits facilement observables (la couleur ou la texture), et nota les caractères affichés par les générations hybrides. Ses expériences démontrèrent une contribution égale du mâle et de la femelle dans la progéniture, chacun des deux parents apportant sa « version » de chaque caractère. Il s'avéra que certains de ces allèles étaient dominants par rapport aux autres. Les allèles « récessifs » peuvent être présents, mais sans jamais s'exprimer. Cela permit entre autres à Mendel d'expliquer l'alternance de fleurs rouges et blanches dans ses générations de pois hybrides.

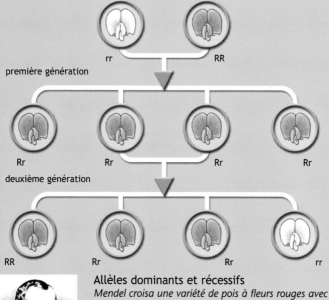

première génération

deuxième génération

Allèles dominants et récessifs

Mendel croisa une variété de pois à fleurs rouges avec une variété à fleurs blanches. Toute la descendance présenta des fleurs rouges, tandis qu'un quart des individus de la génération suivante arborait des fleurs blanches. L'allèle fleur-rouge (R) exercerait donc un dominance sur l'allèle fleur-blanche (r). Les allèles récessifs étaient transmis à la descendance, mais ne s'exprimaient qu'en l'absence de l'allèle dominant.

Grégor Mendel

cartographie du génome, indiquant la position de chaque gène sur les différents chromosomes de la drosophile.

Ces nouvelles connaissances furent progressivement mises à profit dans les programmes de croisement commerciaux, permettant aujourd'hui une précision sans précédent. La seconde moitié du XXe siècle vit le développement d'une technique qui allait se révéler d'une importance inestimable : le rétrocroisement (voir encadré ci-dessous).

La technique du rétrocroisement

Un rétrocroisement se définit par le croisement d'un individu hybride avec l'un de ses parents. Le sorgho est l'une des principales cultures céréalières des pays chauds et arides. Il est extrêmement sensible au mildiou, une moisissure qui dans le Sahel détruit fréquemment la moitié des récoltes. Des chercheurs en Inde et en Afrique ont rassemblé des variétés sauvages ou rustiques de sorgho apparentées à celle du Sahel et résistantes à cette maladie (impliquant un gène de résistance au mildiou), les ont croisées avec les variétés cultivées, puis se sont livrés à plusieurs rétrocroisements afin de produire des individus dotés du gène résistant mais libres des gènes sauvages non désirables. C'est ainsi que le sorgho semé au Sahel n'est plus affecté par les épidémies de mildiou.

Première étape
Le sélectionneur croise tout d'abord la variété de sorgho domestique avec la variété sauvage pour produire la génération F1 (hybride), dont certains représentants ont hérité du gène de résistance au mildiou. Pour les connaître, il suffit d'exposer tous les spécimens au vecteur de la maladie et de voir lesquels survivent.

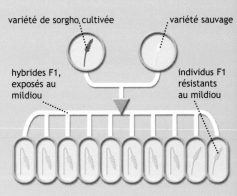

variété de sorgho cultivée

variété sauvage

hybrides F1, exposés au mildiou

individus F1 résistants au mildiou

Banques de gènes

Les sélectionneurs modernes (ou phytogénéticiens) ont recours à des techniques de sélection, de croisements et de rétrocroisements pouvant impliquer plusieurs centaines d'individus, présentant chacun un trait particulier : croissance rapide, floraison avancée, résistance à certaines maladies, richesse en protéines, etc. Mais comment déterminer les individus à apparier pour arriver au résultat

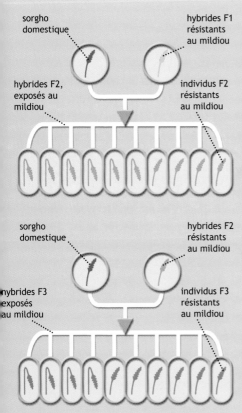

sorgho domestique

hybrides F1 résistants au mildiou

hybrides F2, exposés au mildiou

individus F2 résistants au mildiou

sorgho domestique

hybrides F2 résistants au mildiou

hybrides F3 exposés au mildiou

individus F3 résistants au mildiou

Deuxième étape

Le sélectionneur croise ensuite les hybrides F1 contenant le gène de résistance avec l'un de leurs parents domestiques. La génération qui en résulte (F2) dérive ainsi à 75 % de ses gènes de la variété cultivée et seulement 25 % de la variété sauvage. Ces individus sont ensuite exposés au mildiou pour déterminer lesquels ont hérité du gène de résistance.

Étapes trois à six

La répétition de cette étape permet de diluer les gènes du type sauvage jusqu'à obtenir des individus ne conservant que le gène recherché, soit ici celui de la résistance au mildiou.

souhaité ? C'est là que les banques génétiques entrent en jeu : il s'agit de collections de graines (et parfois de tubercules) provenant d'espèces sauvages, de cultivars modernes et de variétés traditionnelles, disponibles sur commande. Les banques les plus importantes sont les seize stations du Groupe consultatif pour la recherche agricole internationale, qui détient plus de 500 000 échantillons de graines provenant de plus de 2 400 espèces domestiquées.

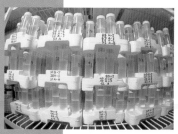

Les banques génétiques
Au XXe siècle, les banques génétiques sont devenues d'importantes ressources agricoles.

La mutation induite

Une technique ayant révolutionné la phytogénétique est celle des mutations induites. Dans la nature, il arrive que les gènes subissent des modifications spontanées, appelées «mutations». Certaines sont pernicieuses, la plupart sont neutres et certaines sont bénéfiques. Les premières tendent à être rapidement éliminées par la sélection naturelle, bien qu'elles puissent persister dans le pool génétique sous la forme d'allèles récessifs. La persistance de certaines mutations constitue une source de variation génétique, conduisant à l'apparition de nouveaux caractères. La démonstration en 1926 de l'effet mutagène des rayons X par Hermann Muller, ancien collègue de T. H. Morgan (voir p. 50), se traduisit peu de temps après par leur utilisation dans les programmes de croisement.

Les mutations génétiques
La plupart des mutations génétiques sont pernicieuses, mais certaines peuvent être très utiles. L'anémie falciforme, causée par une mutation conduisant à la déformation des globules rouges, confère par exemple une immunité contre la malaria.

Le génie génétique

Quelles que soient les techniques à leur disposition, les phytogénéticiens de demain continueront d'avoir recours aux techniques de la génétique classique, qui se heurtent à certains obstacles, telle l'impossibilité de transgresser les barrières interespèces. Qui plus est, les mutations induites sont aléatoires par nature, conduisant à bien plus d'échecs que de succès. Or, les sélectionneurs ont toujours cherché à combiner des gènes provenant d'espèces différentes, et souhaitent pouvoir le faire avec un certain degré de précision. Ce souhait a commencé à se matérialiser à la fin du XXᵉ siècle avec la maturation de la technologie de l'ADN recombinant, aussi connue sous le nom de génie génétique.

"Les sélectionneurs ont toujours cherché à transférer des gènes d'un organisme à un autre. Le génie génétique leur en a donné les moyens".

La véritable nature du matériel génétique ne fut révélée que dans les années 40, soixante-dix ans après la première identification de l'ADN dans du sperme de truite. Plusieurs groupes de chercheurs se lancèrent alors dans la détermination de sa structure tridimensionnelle. Au *King's*

Résumé

Le **rétrocroisement** est le croisement d'un individu hybride avec l'un de ses parents. Une **mutation** peut être **induite** par l'exposition de tissus vivants aux rayons X.

Le clonage par transfert de noyau

Le clonage est une forme de génie génétique aujourd'hui bien maîtrisée. Le clonage par transfert de noyau consiste à remplacer le noyau d'un ovule par la cellule d'un animal «donneur», avec pour résultat un «embryon reconstitué», ou clone génétique du donneur.

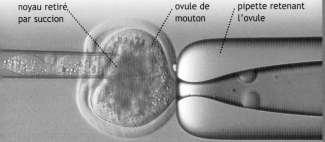

noyau retiré par succion

ovule de mouton

pipette retenant l'ovule

brin torsadé d'acide
de désoxyribose et de
phosphate

paire de bases :
guanine-cytosine

paire de bases :
adénine-thymine

**ADN :
la double hélice**
*La molécule d'ADN,
support de l'infor-
mation génétique
de presque tous les
organismes vivants,
se compose de deux
brins enroulés l'un
autour de l'autre en
une double hélice,
reliés à l'aide de
quatre variétés de
molécules associées
en paires, et appe-
lées bases. La
séquence de ces
paires de bases
constitue le code
servant à la fabri-
cation des
protéines. Un gène
est donc un
morceau d'ADN
codant pour une
protéine.*

College de Londres, le
biochimiste néo-zélan-
dais Maurice Wilkins et la
cristallographe Rosalind Franklin
eurent recours aux rayons X pour décrire la
forme et la structure spatiale de la molécule
d'ADN. En 1953, le biologiste américain James
Watson et le physicien britannique Francis Crick, tous
deux à l'université de Cambridge, utilisèrent ces résultats
pour produire un modèle tridimensionnel de la molécule
d'ADN tout entière, introduisant le fameux modèle de la
double hélice.

La biologie moléculaire

Ce modèle constitua le point de départ de la biologie
moléculaire. Tandis que les sélectionneurs traditionnels se
représentent les gènes de manière abstraite, comme autant
de perles le long d'un collier, les biologistes moléculaires
les voient comme des entités chimiques, c'est-à-dire sous
la forme de brins d'ADN de différentes longueurs. Et
tandis que la génétique classique appréhende les gènes au
travers de leur expression (les fameux caractères), les
biologistes moléculaires savent que les gènes produisent
des protéines (par le biais d'un autre acide nucléique,
l'ARN), dont la plupart fonctionnent comme des enzymes
déterminant les chemins métaboliques empruntés pour
exprimer ces caractères.

Les biologistes moléculaires se demandèrent ensuite s'il ne
serait pas possible de transférer des morceaux d'ADN (soit

des gènes) d'un organisme à un autre en évitant l'étape de la fusion des gamètes. En 1973, deux chercheurs américains, Stanley Cohen et Herbert Boyer, démontrèrent que les brins d'ADN étaient sensibles à l'action des enzymes, pouvaient être scindés ou soudés à d'autres brins pour donner un ADN recombinant. Cette découverte devint la base du génie génétique, qui consiste en l'introduction de gènes étrangers au sein d'organismes présentant une certaine utilité pour l'homme (voir p. 58). Depuis, les généticiens ont appris à introduire des gènes fonctionnels dans les bactéries, puis dans les plantes et enfin dans les animaux.

"L'analyse de la séquence des bases d'un segment d'ADN est devenue une pratique courante. Mais l'analyse d'un génome tout entier, comme l'analyse du génome humain, peut prendre des années".

La génomique

Au moment de développer ces diverses techniques au cours des années 80, les sélectionneurs de plantes ignoraient encore la nature exacte des gènes à introduire pour arriver à leurs fins. Ce problème est aujourd'hui en grande partie résolu grâce à la génomique, ou à l'étude de la structure chimique (la séquence) de l'ADN des différentes espèces. L'exemple le plus célèbre est sans conteste le Projet Génome Humain.

L'effort de séquençage s'étend actuellement à de nombreuses espèces d'importance agricole. Cependant, même une connaissance approfondie du génome d'un organisme ne suffit pas à

Le séquençage du génome humain
Les nombreux participants au Projet Génome Humain ont cartographié tout l'ADN d'une cellule humaine moyenne, le scindant en de multiples fragments, les analysant séparément pour connaître leur ordre d'enchaînement. Il leur reste encore à déterminer la fonction précise des différents gènes identifiés ainsi que leurs diverses interactions.

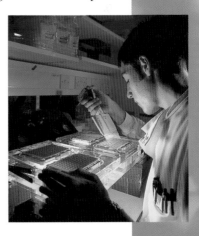

Le transfert de gènes

Le propre du génie génétique est de transférer des gènes d'un organisme à un autre pour créer un organisme transgénique. Chez les plantes, cela a lieu à l'aide de vecteurs tels que les bactéries. Le gène recherché est séparé de son chromosome grâce à des enzymes de restriction agissant comme des « ciseaux moléculaires ».

Les extrémités sont cohésives, permettant au gène d'être épissé dans le plasmide (anneau d'ADN) bactérien. Le plasmide modifié est ensuite réintroduit dans la cellule bactérienne et celle-ci injectée dans la cellule végétale pour permettre son incorporation au chromosome de la plante.

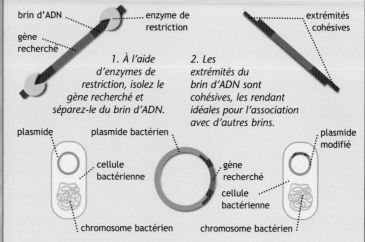

brin d'ADN ········· ···········enzyme de restriction

gène ·····
recherché

extrémités
cohésives

1. À l'aide d'enzymes de restriction, isolez le gène recherché et séparez-le du brin d'ADN.

2. Les extrémités du brin d'ADN sont cohésives, les rendant idéales pour l'association avec d'autres brins.

plasmide   plasmide bactérien ·

plasmide
modifié

cellule ·····
bactérienne

gène
recherché

cellule ····
bactérienne

·· chromosome bactérien   chromosome bactérien ·

3. Prenez une cellule bactérienne et prélevez son plasmide.

4. Épissez le nouveau gène avec le plasmide en vous aidant des extrémités cohésives et d'enzymes ligases.

5. Réintroduisez le plasmide modifié dans sa bactérie mère.

cellule végétale

bactérie dotée
d'un nouveau
gène

chromosome végétal

6. Introduisez la cellule bactérienne contenant le plasmide modifié au sein d'une cellule végétale.

bactérie vectrice
Un des vecteurs préférés des généticiens est la bactérie Agrobacterium tumefaciens, capable d'envahir de nombreuses plantes.

révéler en soi le morceau d'ADN responsable d'un caractère particulier. Mais il s'agit déjà là d'un important pas en avant, et l'on peut s'attendre à ce que les biologistes aient bientôt identifié la nature et la fonction de tous les gènes des principales espèces commerciales (tant animales que végétales).

La science du clonage

L'étape suivante consistait à trouver un moyen de produire un animal tout entier à partir d'une culture cellulaire, sachant que ces cellules pourraient ensuite être manipulées pour lui conférer les propriétés désirées.

Au milieu des années 90, Ian Wilmut et Keith Campbell de l'institut Roslin, près d'Édimbourg, furent les premiers à officiellement donner vie à un animal, en l'occurrence un mouton, à partir de cellules ordinaires. Ils utilisèrent ces cellules pour remplacer les noyaux (compartiments où se trouvent les gènes) de plusieurs ovules (voir p. 55), les gènes contenus par ces dernières prenant le contrôle de leur développement. Parmi les nombreux embryons artificiels transférés dans l'utérus de mères

Le clonage de Dolly
En 1997, Ian Wilmut et Keith Campbell furent les premiers à parvenir à créer le clone d'un animal adulte à partir d'une cellule non sexuelle, d'après la technique expliquée ci-contre.

une femelle procure l'ovule

le donneur procure les cellules à cloner

noyau de l'ovule

cellule prélevée à partir d'une glande mammaire

l'ovule est privé de son noyau

fusion de la cellule et de l'ovule

les cellules fusionnées se multiplient pour donner un embryon

l'embryon reconstitué est introduit au sein de l'utérus d'une mère porteuse

naissance de Dolly, un clone génétique de la brebis dont on a prélevé une cellule de glande mammaire

porteuses, certains se développèrent en individus sains et normaux. En 1996, l'équipe de Roslin annonçait ainsi la naissance de Megan et Morag, deux agneaux issus de la culture de cellules embryonnaires, puis en 1997 celle de Dolly, le tout premier mammifère cloné à partir des cellules d'un animal adulte, en l'occurrence une brebis de race Finn-Dorset âgée de 6 ans.

"Les manipulations génétiques animales sont aujourd'hui tout à fait envisageables".

Les clones transgéniques

Megan, Morag et Dolly n'étaient pas des organismes transgéniques, dans le sens où aucun ADN n'avait été ajouté aux cellules ayant servi à leur création. En 1998, le laboratoire de biotechnologie PPL, étroitement impliqué dans l'expérience de Roslin, annonçait la naissance d'une autre brebis, baptisée Polly. Tout comme Megan et Morag, celle-ci était issue d'une culture de cellules embryonnaires, à ceci près que ces cellules avaient été génétiquement modifiées, contenant un gène humain censé permettre à Polly de produire dans son lait une protéine coagulatrice bénéfique aux hémophiles. Le génie génétique animal était né.

Des jumelles parfaites
Megan et Morag, deux brebis clonées à partir d'une culture de cellules embryonnaires, furent le premier grand succès des chercheurs de l'institut Roslin, qui sont de fait les pionniers du clonage de mammifères.

Les organismes transgéniques

Il est en principe possible d'extraire n'importe quel gène de n'importe quel organisme et de l'intégrer au sein du génome de n'importe quel animal ou plante. Cette pratique, qui aboutit aux fameux OGM (organismes génétiquement modifiés), présente un potentiel gigantesque. On recense déjà de nombreuses cultures commerciales d'OGM : soja, maïs, tomates, fraises, etc. La modification génétique des animaux en est par contre encore à l'état expérimental.

Le potentiel des OGM

On peut envisager le développement d'une riche gamme de cultures dotées de gènes conférant une résistance aux principaux parasites ou maladies, et adaptées aussi bien aux conditions des pays riches qu'à celles des pays pauvres. Cette révolution est par ailleurs souvent plus simple qu'on ne le pense et compte déjà certaines victoires, comme les pommes de terre rendues résistantes aux pucerons grâce à l'insertion d'un gène codant pour des feuilles velues.

Toute culture est susceptible d'être modifiée : augmentation de la saveur des fruits, enrichissement des graines en protéines, amélioration de la

Culture sur mesure
Un plant de fraisier pourrait en théorie se voir doté des gènes d'un poisson de l'Antarctique pour fleurir en hiver, ou encore être croisé avec de la vigne vierge afin de pousser le long des murs. Imaginez-vous en train de cueillir des fraises depuis votre fenêtre en plein mois de janvier.

résistance aux facteurs environnementaux, etc. On peut même concevoir la mise au point de plantes imitant les phéromones de certains parasites, permettant de les tenir à l'écart des cultures. Ces leurres pourraient même être transformés en plantes insectivores consommant les parasites venant les visiter. Qui plus est, la haute spécificité de ces phéromones permet de cibler les espèces victimes. Les cultures transgéniques présentent ainsi un énorme potentiel pour l'alimentation humaine, et pourraient protéger les paysans les plus pauvres contre la perte de leurs récoltes si leur prix n'était pas si prohibitif. Un autre grand problème réside dans le fait que de nombreux fournisseurs s'assurent la dépendance des agriculteurs en leur vendant des graines stériles et en les obligeant à venir se réapprovisionner année après année.

Renfort génétique
Le génie génétique permet de transférer des gènes de résistance à la chaleur d'une espèce à une autre.

Du maïs toxique
L'introduction de gènes au sein du génome d'une plante peut activer certains gènes réprimés, la rendant potentiellement toxique.

Les dangers des cultures transgéniques

Il est peut-être aisé d'introduire de nouveaux gènes dans le génome d'un organisme, mais il est par contre impossible de prédire le résultat de son expression. Le plus souvent, l'opération est un échec (c'est-à-dire que le gène ne s'exprime pas du tout) ; s'il s'exprime, c'est souvent de manière différente qu'au sein de l'organisme original, pour le meilleur ou pour le pire, sachant que le gène introduit est également susceptible d'affecter la fonction d'autres gènes de l'organisme récepteur. Il s'ensuit différents risques d'ordre nutritionnel et/ou écologique. De nombreuses espèces cultivées contiennent par exemple des allèles récessifs de gènes, hérités de leurs ancêtres sauvages, codant des toxines. Les manipulations génétiques peuvent théoriquement produire des plantes impropres à la consommation. Si bien souvent, ce genre de risque est écarté par de rigoureux contrôles, il n'en est pas moins latent. Sur le plan écologique, beaucoup d'organismes transgéniques conçus pour repousser ou tuer les parasites peuvent également affecter des espèces d'insectes inoffensives. Les responsables s'estiment en mesure de pouvoir contrôler ces différents risques, mais il est impossible de tous les prévoir.

La manipulation génétique des plantes présente encore d'autres problèmes : les agriculteurs cultivant des variétés transgéniques onéreuses sont poussés à maximiser leurs rendements, ce qui se traduit généralement par une augmentation de la consommation d'engrais et autres apports. Tout cela suggère que toute nouvelle culture transgénique devrait être rigoureusement testée avant d'être autorisée. Les protestataires se livrent régulièrement à la destruction de champs expérimentaux, et de nombreux agriculteurs américains ont renoncé aux OGM par peur de ne plus pouvoir écouler leurs produits sur le marché européen.

Les problèmes rencontrés avec le bétail transgénique

Peu d'organismes transgéniques sont viables, trop souvent victimes de morts prématurées et de déformations fatales. Tandis que les végétaux ne ressentent rien, les animaux sont susceptibles de souffrir de ces expériences. En l'occurrence, les avortements tardifs, décès prénataux et les différentes déformations affectant une grande partie des individus transgéniques représentent de sérieux traumas

Une question de politique
Les Européens sont assez fortement opposés aux OGM, qu'ils considèrent comme une interférence dangereuse et inutile dans les processus naturels. Ils estiment que les professionnels de l'alimentaire ont le devoir de les consulter avant l'introduction de toute nouvelle culture dans la chaîne alimentaire.

pour les sujets expérimentaux. Ces souffrances étant rarement justifiées, le recours aux animaux transgéniques devrait être aussi limité que possible. Par ailleurs, certains éleveurs commencent à voir les biotechnologies comme un moyen de maximiser leurs profits. Diverses idées ont déjà été proposées, comme celle de créer des poulets aux becs insensibles pour faciliter leur écourtage, opération effectuée afin d'éviter que les animaux ne se blessent les uns les autres. Et pourquoi ne pas mettre au point des porcs sans queue afin d'éviter les morsures que ceux-ci s'infligent en élevage intensif ?

bêêê !

Les végétaux et animaux de synthèse

Les sélectionneurs et généticiens pourraient un jour créer un génome animal de toutes pièces. Il serait alors possible d'inventer de nouvelles formes, voire de transgresser les barrières naturelles entre le règne animal et le règne végétal ou entre organismes mono et pluricellulaires.

Les cellules animales ou végétales pourraient théoriquement être cultivées pour la production de nos principaux aliments ; totalement dépourvues de cellules nerveuses, ces cultures résoudraient ainsi le problème de la souffrance animale.

Certains aliments pourraient ainsi devenir parfaitement méconnaissables : imaginez par exemple une viande de synthèse produite par des champignons transgéniques. En imaginant que de tels tissus puissent être élevés dans de l'eau de mer en tirant parti de l'énergie solaire, nous serions là en présence d'une véritable corne d'abondance. Et tant que ces organismes sont réellement totalement insensibles à la douleur, il est légitime de se demander : « Pourquoi pas ? » Une telle percée signerait sans doute la fin de l'agriculture traditionnelle.

La viande artificielle
Poussée à son extrême, la génétique pourrait aboutir à la production de tissus de synthèse reproduisant par exemple le goût et les propriétés nutritives de la viande.

La fin de l'agriculture?

Dans un tel contexte, on peut être amené à se poser des questions sur l'avenir de l'agriculture. De nombreux scénarios sont envisageables, et personne n'est en mesure de prédire lequel se réalisera. Les sélectionneurs et généticiens concentrant dans un premier temps leurs efforts sur les plantes et animaux «conventionnels», on peut néanmoins s'attendre à ce que l'agriculture demeure encore longtemps notre principale source d'alimentation. Mais une certaine tendance commence à se distinguer, caractérisée par le souhait de voir apparaître des systèmes plus sensés et d'éliminer toute cruauté envers les animaux d'élevage. Il semble qu'il y ait donc une certaine disparité entre ce qui est techniquement possible et ce qui aura effectivement lieu.

Il nous reste à espérer que les générations futures sauront tirer le meilleur parti possible des tendances actuelles. L'humanité a besoin de la technologie, mais si celle-ci ne sert qu'à exacerber l'industrialisation et la maximisation des rendements, nous allons au-devant de graves problèmes. Nous avons en réalité autant besoin des progrès technologiques que des principes moraux et esthétiques promus par l'agriculture biologique.

À l'avenir
Au cours des prochaines décennies, nous continuerons de dépendre de l'agriculture pour la majeure partie de notre alimentation, si possible en instaurant un certain équilibre entre progrès technologique et valeurs traditionnelles.

Glossaire

ADN
Acide désoxyribonucléique. Molécule complexe contenue dans le noyau cellulaire et porteuse du code génétique.

Agent pathogène
Micro-organisme (virus ou bactérie) capable de produire une pathologie sur un organisme hôte.

Agriculture biologique
Forme d'agriculture n'ayant recours à aucun engrais ni pesticide.

Agriculture mécanisée
Production de cultures à grande échelle, moyennant l'usage d'engins mécanisés. Les sols sont intensivement labourés, laissés complètement à nu au moment de la semence des graines.

Agroalimentaire
Agriculture pratiquée selon des méthodes industrielles, et dans laquelle toutes les entrées et sorties sont comptabilisées sous forme monétaire.

Amidon
Hydrate de carbone, importante source d'énergie pour les animaux.

ARN
Acide ribonucléique. Agit en tant que véhicule d'information pour la construction des protéines.

Azote
Élément chimique non métallique, constituant naturel de l'atmosphère. Également impliqué dans la composition des protéines et acides nucléiques, ce qui en fait un nutriment essentiel.

Banque de gènes
Collection de plantes et de tubercules mise au service des sélectionneurs à la recherche de nouveaux gènes à transmettre aux cultures qu'ils cherchent à améliorer.

Biotechnologie
Haute technologie appliquée à un système ou organisme naturel. Comprend le clonage et le génie génétique.

Cellulose
Hydrate de carbone complexe, composé d'un enchaînement de molécules de glucose.

Chaîne trophique
Relations existant entre les diverses espèces d'un écosystème du point de vue de leur alimentation. On parle aussi de réseau trophique, car les types d'interactions sont souvent très nombreux.

Chromosome
Structure du noyau cellulaire constituée d'un très long filament d'ADN replié et enroulé autour de protéines (histones), « porteuse » des gènes.

Clone
Deux organismes génétiquement identiques forment un « clone ». Un organisme peut également être un clone d'un autre organisme. Le terme peut aussi s'utiliser en tant que verbe : on dit par exemple que les généticiens clonent des animaux et des plantes. De nombreuses plantes forment des clones via des stolons ou des tubercules, tandis que les clones animaux sont obligatoirement l'œuvre du génie génétique.

Espèce
Unité élémentaire de la classification des êtres vivants.

Fibres végétales
Partie de notre alimentation à forte teneur en cellulose que notre système digestif ne parvient pas à assimiler. Les fibres jouent un rôle important dans la régulation de l'absorption des nutriments.

Fixation de l'azote
Processus par lequel certaines bactéries convertissent l'azote atmosphérique en composés solubles tels que les nitrates, pouvant être directement assimilés par les plantes.

Gène
Unité élémentaire de transmission d'un caractère héréditaire, constituée d'ADN.

Génie génétique

Type de biotechnologie spécialisé dans le transfert de gènes entre organismes non apparentés.

Génome

Ensemble des gènes d'une espèce donnée.

Graisse

Enchaînement de molécules composées d'atomes de carbone, d'hydrogène et d'oxygène. Certaines graisses sont indispensables pour le corps, tandis que d'autres ne servent qu'au stockage de l'énergie.

Horticulture

L'art et la science de la culture des plantes. Mot souvent utilisé en tant que synonyme de jardinage.

Hydrate de carbone

Composé chimique formé d'atomes de carbone, d'hydrogène et d'oxygène organisés en anneaux. Les hydrates de carbone les plus simples sont les sucres, dont il existe une grande variété. Les hydrates de carbone les plus complexes sont l'amidon et la cellulose.

Inorganique

Composé chimique ne contenant pas de carbone.

Minéral

Toute matière inorganique. S'applique aux éléments ou composés inorganiques nécessaires à la croissance des plantes et des animaux.

Mutation

Modification d'un gène, pouvant avoir toutes sortes de conséquences sur son expression.

Noyau

Structure cellulaire contenant les chromosomes et donc le matériel génétique.

Nutriment

Tout élément ou composé chimique nécessaire aux plantes et aux animaux pour leur croissance ou leurs dépenses d'énergie.

Organique

Terme employé par les chimistes pour désigner tout composé contenant du carbone. D'une manière plus générale, ce terme fait référence à tout ce qui est dérivé de la matière vivante. Synonyme : biologique.

Pool génétique

Ensemble des gènes d'une population d'organismes capables de reproduction sexuée.

Production maximale équilibrée

Quantité maximale de plantes ou d'animaux pouvant être prélevés sans mettre en péril la population en question.

Produit de base

Aliment produit en masse, composant majeur de notre alimentation, en particulier en ce qui concerne les apports protéiques et énergétiques.

Protéine

Composant essentiel du corps humain et élément essentiel de notre alimentation. Contient du carbone, de l'hydrogène, de l'oxygène, de l'azote, ainsi que du soufre en petite quantité. Les protéines sont des chaînes d'acides aminés.

Race

Subdivision d'une espèce animale, dotée de caractères particuliers. Les bovins forment une espèce, tandis que les Charolaises et les Montbéliardes sont des races.

Rotation des cultures

Alternance de différentes cultures sur le même terrain d'une saison ou d'une année à l'autre, dans le but de maintenir la fertilité du sol et de limiter la croissance des mauvaises herbes, la prolifération des parasites et la propagation de maladies.

Rumen

Aussi appelé panse, l'un des quatre compartiments du système digestif des ruminants. Il contient les bactéries et protozoaires responsables de la fermentation de l'herbe ingérée.

Technologie de l'ADN recombinant

Synonyme de génie génétique.

Variété

Subdivision d'une espèce végétale.

Vitamine

Substance organique relativement simple, sans valeur énergétique, mais vitale pour l'organisme.

Index

Lectures conseillées

The Origins of the Organic Movement, Philip Conford et Jonathan Dimbleby, Floris Books, 2001, ISBN : 0863153364

Feeding the Ten Billion, Lloyd T. Evans, Cambridge University Press, 1998

The Killing of the Countryside, Graham Harvey, Vintage, 1998, ISBN : 0099736616

Home Farm, Paul Heiney, Dorling Kindersley, 1998, ISBN : 0751304611

Organic Farming, Nicolas Lampkin et C.R.W. Spedding, Farming Press, 1994, ISBN : 0852361912

Silent Spring, Rachel Carson, Houghton Mifflin, 1994, ISBN : 0395683297

The Famine Business, Colin Tudge, Faber & Faber, 1977/St Martin's Press, 1977

Home Farm, Michael Allaby et Colin Tudge, Macmillan, 1977

Sites Web utiles

http://www.users.globalnet.co.uk. Conseil de l'éthique alimentaire.

http://www.usda.gov. Ministère de l'Agriculture américain.

http://www.sustainweb.org. Alliance pour une meilleure agriculture et une meilleure alimentation.

http://www.ofrf.org. Fondation pour la recherche en agriculture biologique.

http://www.iacr.bbsrc.ac.uk/iacr/tiacrhome.html. IACR, Institut de recherche agricole.

http://www.sanger.ac.uk. Institut Sanger, l'un des plus grands centres de recherche sur le génome.

Crédits photographiques

L'éditeur voudrait remercier les personnes et institutions suivantes pour leur avoir aimablement permis de reproduire leurs photographies. Légende : a = au-dessus ; c = centre ; b = bas ; g = gauche ; d = droite ; h = haut

Corbis : Adrian Arbib 63 ; Archivo Iconographico S.A. 48 ; Yann Arthus-Bertrand 36hg, 36cg ; Annie Griffiths Belt 19bc ; Bettmann 34 ; Natalie Fobes 28 ; Owen Franken 32 ; Angela Hampton/Ecoscene 49 ; Andy Hibbert/Ecoscene 30 ; Charles & Josette Lenars 24cgb ; George D Lepp 39 ; Paul A Souders 11 ; Ed Young 65 ; **Getty Images/Stone :** G Brad Lewis 13 ; **Science Photo Library :** 51 ; Alex Bartel 31 ; Jeremy Burgess 58 ; CHRI 27 ; A Crump/TDR/WHO 18hd ; Em-Unit, VLA 8bd ; Ken Eward 46, 54bc ; Klaus GuldBrandsen 54hg ; James King-Holmes 8cgb, 57, 60 ; Chris Knapton 10 ; John MarshalZ/AGSTOCK 5, 7 ; Michael Marten 22 ; Peter Menzel 9, 36b ; Tom Myers/AGSTOCK 12 ; Alfred Pasieka 4 ; WA Ritchie/Roslin Institute/Eurelios 55 ; David Scharf 40 ; Volger Steger 45cg ; Lynn Stone/AGSTOCK 43 ; Geoff Tompkinson 47. Toutes les autres images © Dorling Kindersley. Nous avons fait tous les efforts possibles pour identifier les différents auteurs. L'éditeur s'excuse par avance pour toute omission involontaire et serait heureux d'y remédier dans les futures éditions de cet ouvrage. Pour de plus amples informations, consultez le site Web de l'éditeur : **www.dkimages.com**.